Karin Pfeiffer und Rainer R. Rühl

10 Bilder-geschichten
zum Weiterdichten

Förderung der mündlichen und schriftlichen Ausdrucksfähigkeit

ab 4. Schuljahr

Stolz Verlag
Edition Lendersdorfer Traumfabrik
www.stolzverlag.de

Inhalt

Die Bildergeschichten

Eine brenzlige Situation* 4
Der Kanarienvogel* 6
Zimmer aufräumen 8
Kleiner Computerprofi 10
Abenteuer beim Camping* 12
Ersatzreifen vom Käsemarkt 14
Der tropfende Rucksack* 16
Der große Urlaubsgast 18
Hallo, hier Fisch!* 20
Wo ist das Handy? 22

Zusatzaufgaben zur Differenzierung

Eine brenzlige Situation 25
Der Kanarienvogel 26
Abenteuer beim Camping 27
Der tropfende Rucksack 28
Hallo, hier Fisch! 29

Lösungen 30

* Zu diesen Bildergeschichten werden Zusatzaufgaben angeboten für den differenzierenden Unterricht.

Eine brenzlige Situation

Wortschatz und Formulierungshilfen

Welche Satzteile und Begriffe passen zu welchem Bild? Trage die Bildnummer in das jeweils richtige Kästchen ein. Überprüfe anschließend deine Entscheidung durch Vergleichen mit den Lösungen auf Seite 30.
Schreibe danach Satzteile und Begriffe rechts neben die passenden Bilder.

Bild Nr. ↓

	Pfanne auf Herdplatte bereit – Regler auf die höchste Stufe stellen – Öl erhitzen, damit Pfannkuchen knusprig werden
	kaum vor der Tür, passiert es – mit einem Rumms – Tür fällt ins Schloss – Schock – erschrocken – mein Gott! – der Schlüssel liegt in der Küche – wie komme ich wieder rein – die Pfanne! – das Öl! ...
	während sich das Öl in der Pfanne erhitzt – die Wartezeit nutzen – den vollen Mülleimer hinaustragen – eilig die Wohnung verlassen – gleich wieder zurücksein wollen, um den Teig ins heiße Öl zu gießen
	Dennis in der Küche – Hunger haben – selbst Pfannkuchen zubereiten – Teig ist fertig, jetzt geht es ans Backen – Pfanne auf Herdplatte stellen – das Speiseöl eingießen – sich auf die warme Mahlzeit freuen

Aufsatzschreiben

Schreibe jetzt einen Text zu den Bildern. Denke dich gut in die Geschichte hinein.
Beachte folgende Punkte:
- Wähle eine eigene Überschrift.
- Gib dem Jungen einen Namen.
- Füge wichtige Informationen hinzu: Wann passiert das? Weshalb ist der Junge allein in der Wohnung? Hat er schon öfter etwas gekocht oder gebraten? Erwartet er vielleicht Besuch?
- Wie geht es weiter? Findet er eine Lösung? Welche? Oder passiert ein Unglück? Das ist deiner Phantasie überlassen. Wer schreibt die spannendste Geschichte?

Arbeitsvorschlag zur Diffenzierung

Ein Arbeitsvorschlag für den Förderunterricht: siehe Anhang Seite 25.

Eine brenzlige Situation

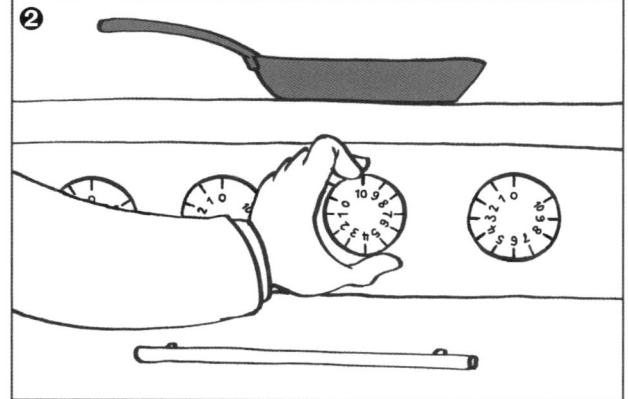

Der Kanarienvogel

Wortschatz und Formulierungen

Betrachte die Bilderfolge und erzähle mündlich.
Beantworte jetzt schriftlich die folgenden Fragen. Schreibe die Antworten in die Zeilen neben das jeweilige Bild.

Bild 1	Wie heißt die Frau? Was tut sie? Wie heißt der Kanarienvogel? Sagt die Frau etwas zu dem Tier?
Bild 2	Wer ist an die Wohnungstür gekommen? Was sagt diese Frau? Was geschieht derweil unbemerkt?
Bild 3	Was hat die Frau beschlossen? Was tut sie?
Bild 4	Als die Frau nach Hause kommt – was sieht sie? Was sagt sie? Hat sie eine Erklärung für die seltsame Situation?

Aufsatzschreiben

Schreibe jetzt einen Text zu den Bildern. Denke dich gut in die Geschichte hinein.
Beachte folgende Punkte:

- Wähle eine eigene Überschrift.
- Gib den Personen und den Tieren einen Namen.
- Nicht alles ist auf den Bildern zu sehen. Füge wichtige Informationen hinzu, die das Geschehen näher erklären, zum Beispiel: Wer ist diese Frau? Lebt sie allein? Ist das ihre Katze, die da hereinschleicht?
- Das Ende der Geschichte gibt auch uns ein Rätsel auf. Hier bist du als Detektiv oder Geschichtenerfinder gefragt! Dichte etwas Lustiges als Ende!

Arbeitsvorschlag zur Diffenzierung

Eine einfache Variation für den Förderunterricht: siehe Anhang Seite 26.

Der Kanarienvogel

Zimmer aufräumen

Wortschatz und Formulierungen

Welche Wörtersammlung passt am besten zu welchem Bild? Trage die Bildnummer in das jeweils richtige Kästchen ein. Überprüfe anschließend deine Entscheidung durch Vergleichen mit den Lösungen auf Seite 30.
Schreibe jetzt die Wörtersammlungen rechts neben die entsprechenden Bilder.

Bild Nr. ↓

	Beratung, sich beraten, beratschlagen, ratlos, lustlos, lästig, Unlust, Platz, Schrank, Idee, Lösung, aufräumen, verstauen, gehorchen, langweilig, viel zu lange dauern, sinnlos, schnell
	Kinderzimmer, Spielsachen, Teppich, Karton, Spielzeugautos, Teddybär, Ritterburg, Bauklötze, Gummipfeile, Durcheinander, Unordnung, Chaos, verstreut, unordentlich, unaufgeräumt
	Zimmer, Ordnung, Spielsachen, Teddybär, Schrank, Lob, Freude, Schranktür, Schlitzohren, ordentlich, aufgeräumt, öffnen, herausquellen, herauspurzeln, zufrieden, erschrecken, erstaunt
	Mutter, Junge, Mädchen, Spiel, Entsetzen, hereinschauen, unterbrechen, Ordnung schaffen, forträumen, aufräumen, bitten, schimpfen, fordern, versprechen, furchtbar, sofort, gleich, ärgerlich

Aufsatzschreiben

Schreibe eine kleine Geschichte zu den Bildern. Schlüpfe dazu in die Rolle von einem der Beteiligten und berichte aus der Sicht dieser Person. Wähle aus:

- der Junge
- das Mädchen
- die Mutter
- Schreibe lebendig und mit viel wörtlicher Rede!
- Was wird die Mutter tun, als ihr die Spielzeugflut aus dem Schrank entgegenschwappt? Hat das Verhalten der Kinder Folgen?
- Du kannst dir auch eine eigene Überschrift für deine Geschichte ausdenken.

Zimmer aufräumen

Kleiner Computerprofi

Wortschatz und Formulierungen

*Betrachte die Bilder nacheinander und beantworte die zugehörigen Fragen schriftlich.
Trage die Antwort in die Zeilen neben den Bildern ein.*

Bild 1	Was will der Sohn machen? Wie reagiert der Vater?
Bild 2	Was veranlasst den Vater, von seinem Arbeitsplatz fortzugehen?
Bild 3	Was macht der Sohn, während er allein im Büro ist?
Bild 4	Worüber wundert sich der Vater?

Begriffsammlung:

Arbeitszimmer, Bestecklade, Mitteilung, Meldung, Stimme, Korrekturprogramm, Büroschrank, Backofen, Radiergummi, Bildschirm, Arbeitsanzug, Tastatur, Computermaus, Rechenprogramm, Bankprogramm, Bücherregal, Bürostuhl, Cursor, Brief schreiben, Tennis spielen, Rechnungen überweisen, zuschauen, einschalten, programmieren, verschwinden, eingeben, zukleben, doppelklicken, ausblenden, abschalten, tippen, bestätigen, rechnen, hochheben, schlau, frech

Lies die Begriffe. Markiere die Wörter farbig, die du beim Schreiben der Bildergeschichte voraussichtlich verwenden kannst. Wir haben auch Begriffe dazugemixt, die überhaupt nicht zur Geschichte passen wollen. Streiche diese fort!

Aufsatzschreiben

Schreibe die Geschichte. Formuliere so, dass dein Text auch für jemand gut verständlich ist, der die Bildfolge nicht vor sich liegen hat. Schreibe aus der Sicht des Vaters, der wenig später seiner Frau erzählt, was vorgefallen ist.

- Wähle eine eigene Überschrift und gib den Personen Namen.
- Was werden die Eltern beschließen? Nehmen sie die eigenmächtige Handlung ihres Sohnes hin?

Kleiner Computerprofi

Abenteuer beim Camping

Wortschatz und Formulierungen

Welche Sätze passen zu welchem Bild? Trage die Bildnummer in das jeweils richtige Kästchen ein. Überprüfe anschließend durch Vergleichen mit den Lösungen auf Seite 30. Achtung, in jedem der Kästchen haben wir einen Satz eingefügt, der nicht zur Geschichte passt. Streiche diese Sätze durch! Schreibe danach die passenden Sätze neben die entsprechenden Bilder.

Bild Nr. ↓

	Eine kratzige, nasse Zunge fährt über sein Gesicht. Die ersten Tropfen fallen, es beginnt zu regnen. Er ist völlig fassungslos. Alles mögliche hat er erwartet, nicht aber eine Kuh!
	Sie sind gerade eingeschlafen, als sie von einem Geräusch geweckt werden. Der Fernseher hat sich ausgeschaltet. Das Zelt wackelt. Ein Erdbeben? Die Jungen sind starr vor Schreck. Bald ist es wieder still.
	Eine wunderbare Nacht für Camping! Die beiden Jungen haben ein Feuer angezündet. Sie fechten mit Holzknüppeln. Der Halbmond steht am Himmel.
	Als es am Morgen endlich hell wird, nimmt der Jüngere von beiden allen Mut zusammen. Er kriecht zum Ausgang. Das Zelt ist zusammengefallen. Er steckt den Kopf nach draußen und sieht –

Aufsatzschreiben

Schreibe jetzt die Geschichte auf. Wähle die Zeitform der Vergangenheit. (Achtung: die obigen Sätze sind in der Gegenwart geschrieben!) Schmücke die Geschichte mit eigenen Gedanken aus, lasse die Jungen miteinander sprechen! Mach es richtig spannend!

- Wähle eine eigene Überschrift.
- Gib den Jungen Namen.
- Füge Informationen hinzu: Wo befinden sie sich? Machen sie zum erstenmal Camping? Wie sind sie unterwegs? Und ähnliches.

Arbeitsvorschlag zur Diffenzierung

Eine einfache Variation für den Förderunterricht: siehe Anhang Seite 27.

Abenteuer beim Camping

Ersatzreifen vom Käsemarkt

Wortschatz und Formulierungshilfen

In den Kästchen findest du, was die Personen in der Geschichte sagen könnten. Ordne zuerst die Textkästchen den richtigen Bildern zu. Überprüfe anschließend deine Entscheidung durch Vergleichen mit den Lösungen auf Seite 30.
Schreibe danach die Aussagen rechts neben die richtigen Bilder.

Bild Nr. ↓

	„War das ein toller Käsemarkt!" – „Lustig, Gouda heißt die Stadt, und Gouda heißt der Käse." – „Bald sind wir zu Hause, dann schneiden wir den Käse an." – „Was war das für ein seltsames Geräusch?" – „Hast du das auch gehört?" – „Ich halte den Wagen an."
	„Eine Reifenpanne. So kurz vor zu Hause." – „Na gut, dann wollen wir das Rad wechseln." – „Der Ersatzreifen ist ebenfalls platt, auch das noch!" – „Jetzt ist guter Rat teuer." – „Papa, ich hab eine Idee!"
	„Noch rollen wir." – „Fünfzehn Kilometer noch, dann haben wir es geschafft." – „Das hätte ich nicht für möglich gehalten." – „Ob das wohl wirklich gut geht?"
	„So ein großer Käse!" – „Der ist so groß wie ein Wagenrad!" – „Das ist ein alter Gouda, Junge!" – „Sollen wir den kaufen?" – „Der ist bestimmt teuer!" – „Dafür kann man lange davon essen."

Aufsatzschreiben

Wähle einige der Sätze in wörtlicher Rede aus und bette sie in einen Umrahmungstext ein, dann bekommst du einen fertigen Aufsatz. Kann das mit dem Käserad überhaupt klappen? Natürlich nicht – oder etwa doch? Dichte einen phantasievollen Schluss dazu!
Also hier noch einmal zusammenfassend:

- Wähle eine eigene Überschrift.
- Gib den Personen Namen.
- Wie geht es weiter?

Ersatzreifen vom Käsemarkt

Der tropfende Rucksack

Wortschatz und Formulierungshilfen
Beantworte die Fragen zu den einzelnen Bildern. Im Kästchen „Begriffsammlung" findest du Formulierungshilfen dazu. Suche diejenigen heraus, die zur Geschichte passen und brauchbar sind. Streiche nicht passende Begriffe durch.

Bild 1	Wo befinden wir uns? Wer sind die Personen auf dem Bild, was tun sie?
Bild 2	Wohin stellt der zugestiegene Reisende sein Gepäck? Wo nimmt er vermutlich selbst Platz?
Bild 3	Welche Situation hat sich nach einer Weile ergeben? Der Mitreisende glaubt zu wissen, woher die Flüssigkeit kommt. Was sagt er?
Bild 4	Was passiert nun? Gibt es vielleicht eine Überraschung?

Begriffsammlung:

Bahnhof, Bahnsteig, Hauptbahnhof, Wanderer, eilen, eilig, Durchsage, ICE, Unfall, abfahrbereit, umsteigen, einsteigen, Wagennummer, besetzt, Platz machen, leer, frei, zusammenrücken, lesen, gleichgültig, hilfsbereit, niedersetzen, abfahren, anrollen, Regenschirm, Rucksack, Blumentopf, Gepäckstück, Tasche, Reisetasche, gern geschehen, dick, reisen, Station, aussteigen, sich hinlegen, Fahrkarte, Sonnenbrille, tropfen, auslaufen, Flüssigkeit, nass, Handtuch, Bodentuch, Halstuch

Aufsatzschreiben
Schreibe jetzt eine Geschichte nach den Bildern. Den Höhepunkt musst du dir selbst ausdenken. Wenn du gut zeichnen kannst, ergänze die Bildreihe.
Beachte folgende Punkte:
- Wähle als Zeitform die Vergangenheit.
- Erzähle spannend und witzig. Füge wörtliche Rede ein – aber nicht zuviel davon!
- Denke daran, dass deine Geschichte auch von Zuhörern verstanden werden soll, denen die Bildfolge nicht vorliegt. Daher wirst du gelegentlich etwas mehr erklären müssen.

Wie es wirklich war ...
Das vierte Bild und einen Musteraufsatz von Elfi findest du auf Seite 28.

Der tropfende Rucksack

Der große Urlaubsgast

Wortschatz und Formulierungshilfen

Was sagen oder denken die Personen auf den Bildern? Ordne richtig zu. Überprüfe anschließend deine Entscheidung durch Vergleichen mit den Lösungen auf Seite 30. Schreibe danach die Sätze auf die Zeilen neben den Bildern.

Bild Nr. ↓

	Ah, endlich Urlaub! – Gott, bin ich müde! – Wie freue ich mich auf das Bett. – Den Koffer packe ich morgen aus. – Ich glaube, ich habe es hier gut getroffen. – Die Vermieterin ist wirklich rührend besorgt.
	O je, was ist denn das? – Bin ich etwa in Liliput angekommen? – Das Bett ist mir ja viel zu kurz! – So groß bin ich ja nun wirklich nicht, oder? – Wie soll ich denn da jetzt schlafen ...
	Dieses ist unser schönstes Zimmer. Wir haben es für Sie reserviert! – Es ist hier ruhig, Sie werden gut schlafen. – Das Bett ist besonders bequem und weich – Gibt es morgen schönes Wetter?
	So, den Pyjama hab ich mir aus dem Koffer geholt. – Ah, das tut gut! – Noch rasch Zähneputzen. – Und dann ab in die Federn! – War doch eine anstrengende Reise.

Aufsatzschreiben

Der Mann wird eine Lösung finden müssen – denn so kann man nicht schlafen! Einige Tage später will der Mann einen Brief nach Hause schreiben, in welchem er dieses Urlaubserlebnis schildert. Schreibe du an seiner Stelle diesen Brief, beachte:

- An wen wird der Brief adressiert? Datum und Anrede nicht vergessen!
- Der Ort des Urlaubs wird benannt. Wähle eine Gegend aus.
- Beachte die Form des Briefes, denke dich gut in die Situation hinein.
- Die Lösung des Problems musst du natürlich auch in die Hand nehmen. Wir sind gespannt auf deinen Vorschlag!

Der große Urlaubsgast

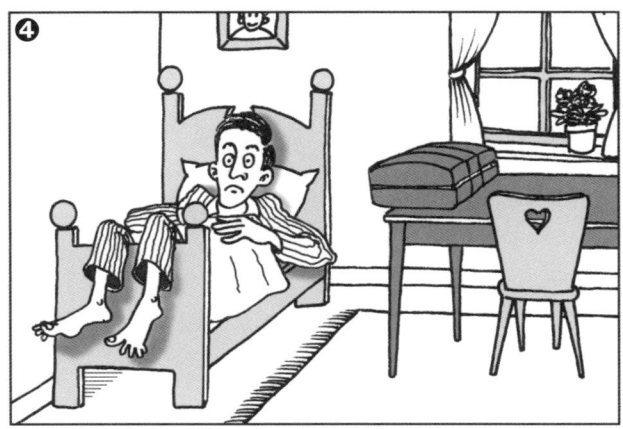

Hallo, hier Fisch!

Wortschatz und Formulierungshilfen
Betrachte die Bilderfolge und erzähle mündlich.
Beantworte jetzt schriftlich die folgenden Fragen.
Schreibe die Antworten auf die Zeilen neben dem jeweiligen Bild.

Bild Nr. ↓

Bild 1	Wie viele Kinder spielen Fußball? Wie sieht das Gelände aus, auf dem sie spielen? Weshalb schaut das eine Kind über seine Schulter?
Bild 2	Im Vordergrund siehst du einen Jungen. Womit ist er beschäftigt? Was machen die anderen Kinder?
Bild 3	Alle schauen verblüfft und erschrocken, weshalb? Weshalb schreit der eine Junge auf? Was passiert mit dem Mobiltelefon?
Bild 4	Wo liegt das Mobiltelefon? Was nun?

Aufsatzschreiben
Wir können nun unterschiedliche Geschichten schreiben – wähle eine Möglichkeit aus:

- Eine beobachtende Person erzählt oder kommentiert. (Zeitform: Gegenwart)
- Eines der Kinder erzählt aus seiner Sicht zu Hause, was passiert ist. (Zeitform: Vergangenheit)
- Einer der Fische erzählt. (Phantasieerzählung; Zeitform: Vergangenheit)

Wie soll die Geschichte enden? Witzig oder ernst? Realistisch oder wie im Märchen?

Arbeitsvorschlag zur Diffenzierung
Eine einfache Variation für den Förderunterricht: siehe Anhang Seite 29.

Hallo, hier Fisch!

Wo ist das Handy?

Wortschatz und Formulierungsübungen

*1. Welche Einrichtungsgegenstände befinden sich in einem Wohnzimmer?
Betrachte die Bilder und schreibe die Begriffe hier auf:*

Wohnzimmerschrank,

_____

_____

_____

2. Wo suchen wir im Wohnzimmer ein Handy? Betrachte die Bilder und forme Sätze nach folgendem Muster. Schreibe diese Sätze in die Zeilen neben der Bildergeschichte. Die Präpositionen im grauen Feld helfen dir beim Formulieren der Fragen.

Wir suchen zwischen den Büchern.

Präpositionen (Verhältniswörter):

auf, neben, unter, über, hinter, vor, zwischen, in

Aufsatzschreiben

Mache dir zuerst klar, worum es in dieser Bildergeschichte geht. Ganz sicher erlebt jeder von uns ähnliche Situationen. Brille oder Hausschlüssel „verstecken" sich besonders gern.

- Wähle eine eigene Überschrift.
- Schreibe nun einen kurzen Text zur vergeblichen Suche.
- Hast du auch schon einmal verzweifelt nach etwas gesucht? Schreibe darüber einen Erinnerungsaufsatz. Es darf komisch sein!
- Wo ist das Handy? Zeichne!

Wo ist das Handy?

Zusatzaufgaben zur Differenzierung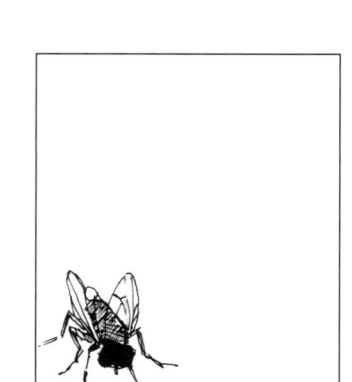

Eine brenzlige Situation

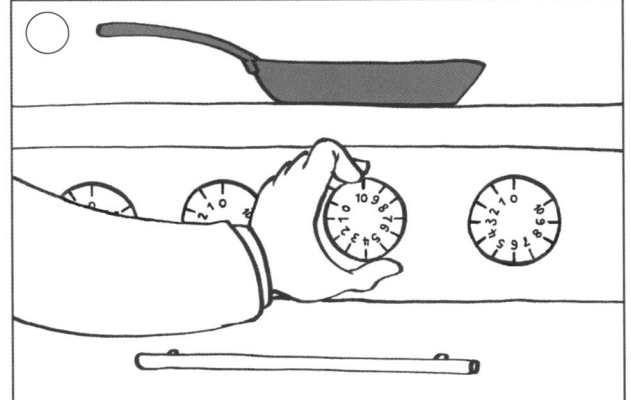

Aufgabe:
Schneide die Bilder aus und bringe sie in die richtige Reihenfolge.
Klebe sie in dieser Reihenfolge sorgfältig untereinander in dein Schreibheft.
Schreibe dann den folgenden Text daneben. Schreibe auch einen Schluss dazu.

Dennis backt Pfannkuchen

Heute ist Dennis allein zu Hause. Er hat Appetit auf Pfannkuchen. Schnell ist der Teig zubereitet. Die Vorfreude auf das Essen ist groß. Dennis gießt Öl in die Pfanne und schaltet die Herdplatte an. Den Drehknopf stellt er auf die höchste Stufe. Dennis wartet darauf, dass das Öl heiß wird.
„In der Zwischenzeit könnte ich den Abfall wegbringen", denkt er. Also nimmt er den vollen Mülleimer und geht hinaus. Schon ist er im Flur. Da hört er hinter sich die Tür ins Schloss fallen. Er erschrickt furchtbar, denn plötzlich schießt ihm ein Gedanke in den Kopf: Der Schlüssel liegt in der Küche auf der Arbeitsplatte. Hilflos steht er im Flur vor der geschlossenen Haustür, und die Pfanne mit dem Öl befindet sich auf der heißen Herdplatte. Was um Himmelswillen soll Dennis nun tun?

Der Kanarienvogel

Aufgabe:
Schneide die Bilder aus und bringe sie in die richtige Reihenfolge.
Klebe sie in dieser Reihenfolge sorgfältig untereinander in dein Schreibheft.
Schreibe dann den folgenden Text daneben. Schreibe auch einen Schluss dazu.

Der schlaue Kanari

Frau Alena hat einen Kanari mit Namen Fritzl. Der Fritzl darf oft frei in der Wohnung herumfliegen. Gerade lässt Frau Alena den Kanari heraus: „Gell Fritzl, da freust du dich!"

Da schellt es an der Tür. Es ist die Nachbarin. Sie lädt Frau Alena zu einem Theaterbesuch ein. Während die Frauen miteinander sprechen, schlüpft die Nachbarskatze Maunzi in die Wohnung. Keine der beiden Frauen bemerkt das. Frau Alena freut sich über die Einladung und zieht sich rasch den Mantel über. Sie ist so sehr aus dem Häuschen, dass sie ganz vergisst, die Arbeitsschürze abzulegen. Und an den Fritzl denkt sie auch nicht, aber der fliegt ja oft frei in der Wohnung herum, wenn Frau Alena nicht da ist. Die Fenster sind sowieso geschlossen.

Als Frau Alena später am Abend zurückkommt, fällt sie fast in Ohnmacht: im Vogelkäfig sitzt die Katze. Der Kanari hockt auf dem Tisch und bewacht die eingesperrte Katze. Wie kann denn so etwas möglich sein!

Abenteuer beim Camping

Aufgabe:
Betrachte die Bildfolge und überlege, was auf dem letzten Bild zu sehen sein könne. Zeichne die vierte Szene selbst dazu.

Der Campingschreck

Richard machte mit seinem kleinen Bruder Benni am Wochenende eine Wanderung ins Grüne. Sie schlugen das Zelt auf einer Wiese auf. Der Abend war wunderschön und warm. Sie grillten Würstchen und freuten sich über die Mondsichel am dunklen Himmel. Weil sie müde waren, schliefen sie auch gleich fest ein. Aber die Ruhe dauerte nicht lange, denn plötzlich rumpelte es draußen am Zelt. „Ein Erdbeben?" flüsterte Benni erstarrt. Die Haare standen ihm zu Berge. Auch der große Bruder war nicht gerade ein Held. Er zog sich den Schlafsack bis zum Hals hinauf und lauschte verängstigt den komischen Geräuschen. Doch dann war der Spuk auch schon wieder vorbei. Sie fragten sich: „Was kann denn das gewesen sein?" Als es am Morgen hell wurde, schälte sich Benni aus dem Schlafsack heraus und krabbelte zum Zeltausgang. Vorsichtig öffnete er den Zippverschluss und steckte seinen Kopf hinaus.

Der tropfende Rucksack

Das vierte Bild

Die vorausgehenden drei Bilder findet ihr auf Seite 17.
Diesen Aufsatz schrieb Elfi. Ihr lag auch dieses vierte Bild vor. Ein klein wenig geholfen habe ich Elfi schon beim Schreiben, das muss ich zugeben. Lest selbst ...

<u>Überraschung aus dem Rucksack</u>

Es war Ferienzeit. Auf dem Hauptbahnhof von München eilte ein Wanderer mit prallvollem Rucksack zum wartenden ICE. Er stieg ein, und bald darauf rollte der Zug an. Mit viel Glück fand unser Reisender noch einen freien Platz, denn der Zug war gut besetzt. Wohin nun mit dem dicken Rucksack? „Stellen Sie ihn hier ab", sagte ein freundlicher Mann und rückte hilfsbereit seine eigene Reisetasche näher an sich heran. Unser Reisender setzte sich auf den freien Platz gegenüber.

Nach einer Weile begann es aus dem Rucksack zu tropfen. Auf dem Fußboden bildete sich schon eine kleine Pfütze. Als der freundliche Mann aus seiner Tasche ein Getränk hervorholte, bemerkte er die Bescherung. Er machte den Wanderer darauf aufmerksam: „Ich glaube, eine Flasche in Ihrem Rucksack läuft aus!"

„Oh, das ist keine Flasche", meinte der Wanderer und öffnete den Rucksack. Der Kopf eines jungen Dackels guckte heraus! Vor Schreck verschüttete unser freundlicher Mann sein Getränk. Dackel im Rucksack! So eine Überraschung!

Hintergrundinfo: Für Hunde muss man bei der Bundesbahn eine Karte lösen – es braucht jedoch nichts extra gezahlt zu werden, wenn der Hund in einer Tasche mitgeführt wird. Natürlich sind damit spezielle Hundetaschen gemeint.

Hallo, hier Fisch!

Aufgabe:
Schneide die Bilder aus und bringe sie in die richtige Reihenfolge.
Klebe sie in dieser Reihenfolge sorgfältig untereinander in dein Schreibheft.
Schreibe dann den folgenden Text daneben. Schreibe auch einen Schluss dazu.

Hallo, hier Fisch!
Markus, Svenja, Pedro und Alan spielen auf einer Wiese Fußball.
Svenja und Markus liefern sich einen Zweikampf, Pedro steht im Tor.
Durch die Wiese schlängelt sich ein Bächlein. Mitten im Spiel
klingelt Alans Handy. Dieses steckt in seiner Hosentasche. Er holt es
heraus und will gerade die Taste für den Empfang des Gesprächs
drücken. Da hat Markus den Ball getreten – ein gewaltiger Schuss,
aber leider geht er nicht ins Tor, sondern ... Ach, ach, es trifft genau
das Handy, das Alan noch in der Hand hält!
„Ahhh!" brüllt Alan.
„Uiiii!" schreit Markus.
„Huch!" macht Svenja.
Da ist das Handy schon im Bach gelandet.

Lösungen

Seite 4: **Folgenschwere Entscheidung**
Die Bildnummern von oben nach unten: 2 – 4 – 3 – 1

Seite 8: **Zimmer aufräumen**
Die Bildnummern von oben nach unten: 3 – 1 – 4 – 2

Seite 10: **Kleiner Computerprofi**
Diese Begriffe passen nicht dazu:
Bestecklade, Backofen, Arbeitsanzug, Tennis spielen, zukleben, hochheben

Seite 12: **Abenteuer beim Camping**
Die Bildnummern von oben nach unten: 4 – 2 – 1 – 3
Diese Sätze passen nicht:
- *Die ersten Tropfen fallen, es beginnt zu regnen. (4. Bild)*
- *Der Fernseher hat sich ausgeschaltet. (2. Bild)*
- *Sie fechten mit Holzknüppeln. (1. Bild)*
- *Das Zelt ist zusammengefallen. (3. Bild)*

Seite 14: **Ersatzreifen vom Käsemarkt**
Die Bildnummern von oben nach unten: 2 – 3 – 4 – 1

Seite 16: **Der tropfende Rucksack**
überflüssige Wörter:
Unfall, gleichgültig, Regenschirm, Blumentopf, dick, sich hinlegen, Sonnenbrille, Handtuch, Bodentuch, Halstuch

Seite 18: **Der große Urlaubsgast**
Die Bildnummern von oben nach unten: 2 – 4 – 1 – 3

Stolz Verlag

Schneidhausener Weg 52, 52355 Düren, Tel. (02421) 5 79 79   info@stolzverlag.de

Deutsch

Der Schneemann im Kühlschrank
(Bildergeschichten) ab 3. Sj.   Nr. 143

Mini-Bildergeschichten ab 2. Sj.
Wortschatz erweitern   Nr. 144

Bildergeschichten zum Schmunzeln
ab 2. Sj.   Nr. 265

Fröhliches Leseüben mit Bildergeschichten ab 2. Sj.   Nr. 379

10 Bildergeschichten zum Weiterdichten ab 4. Sj.   Nr. 288

20 Geschichten zum Weitermalen
ab 2. Sj.   Nr. 255

Lesen, Verstehen, Schreiben
Förderunterricht ab 2. Sj.   Nr. 103

Satzbau Blödelmeister
Grammatik-Spiel bis 5. Sj.   Nr. 162

Grammatik Grundwissen 3.– 6. Sj.
Band 1: **Wortlehre**   Nr. 060
Band 2: **Satzlehre**   Nr. 061

Grammatik-Stunde ab 5. Sj.   Nr. 062

Mein Verben-Trainer ab 5. Sj.   Nr. 376

das oder dass / Trainer
13 Übungsschritte ab 5. Sj.   Nr. 174

Handschrift-Trainer ab 5. Sj.   Nr. 354

Damit du es lesen kannst
Gute Handschrift üben ab 2. Sj.   Nr. 360

Humorvolle Gedichte im Unterricht
3. – 6. Sj.   Nr. 141

Sachtexte lesen & verstehen
ab 5. Schuljahr   Nr. 106

Besser lesen lernen mit Märchen, Sagen und Fabeln ab 2. Sj.   Nr. 276

Spannender Lesespaß: Märchen
Kurztexte und Aufgaben   Nr. 067

Kurze Texte zum Abschreiben
Das Rechtschreibtraining!
1. Schuljahr   Best.-Nr. 431
2. Schuljahr   Best.-Nr. 432
3. Schuljahr   Best.-Nr. 433
4. Schuljahr   Best.-Nr. 434
5. Schuljahr   Best.-Nr. 435
6. Schuljahr   Best.-Nr. 436

Förderunterricht Deutsch
Sinnerfassend lesen, abschreiben
2. Schuljahr   Best.-Nr. 452
3. Schuljahr   Best.-Nr. 453
4. Schuljahr   Best.-Nr. 454
5. Schuljahr   Best.-Nr. 455
6. Schuljahr   Best.-Nr. 456

Aufsatz

Aufsatz in der Grundschule ab 3. Sj.
Märchen & Fabeln   Nr. 309
Wie geht es weiter?   Nr. 310
Reizwortgeschichten   Nr. 308
Nacherzählen   Nr. 392

Lernwerkstatt Aufsatz ab 5. Sj.
Erzählen und Fabulieren   Nr. 306
Nacherzählung und Inhaltsangabe   Nr. 307
Gegenstands- und Vorgangsbeschreibung   Nr. 302
Protokoll, Exzerpt, Zusammenfassung   Nr. 305

Aufsatz-Trainer 3.- 5. Sj.   Nr. 066

Gute Aufsätze schreiben
ab 4. Schuljahr   Nr. 234

Wortschatzübungen
11 Lektionen ab 3. Sj.   Nr. 270

Lesetraining

ORIGINAL-LESETRAINING von Karin Pfeiffer
1. Schuljahr   Nr. 031
2. Schuljahr   Nr. 032
3. Schuljahr   Nr. 033
4. Schuljahr   Nr. 034
5. Schuljahr   Nr. 035
6. Schuljahr   Nr. 036
7. Schuljahr   Nr. 037
8/9. Schuljahr   Nr. 287

**Da haben wir den Wortsalat!
Purzelsätze und Purzeltexte**
Förderunterricht Grundschule   Nr. 400

Konzentriert lernen, richtig schreiben
Auch Zappelkinder können das   Nr. 450

LRS überwinden mit Silbentraining
alle Altersstufen   Nr. 404

LRS-Arbeitsheft
Begleitheft zu Nr. 404   Nr. 405

Kunst

Das malende Klassenzimmer
ab 5. Sj.   Nr. 345

Kunstprojekte Kl. 5 – 10   Nr. 378

Klassenzimmerschmuck
Einfaches für alle Schuljahre   Nr. 349

Freche Frösche Grundschule
Pfiffiger Klassenzimmerschmuck   Nr. 388

Rechtschreiben

„5-Minuten-Diktate"
Beim Üben wieder Mut fassen!
2. Schuljahr   Best.-Nr. 017
3. Schuljahr   Best.-Nr. 018
4. Schuljahr   Best.-Nr. 019
5. Schuljahr   Best.-Nr. 020
6. Schuljahr   Best.-Nr. 021
7. Schuljahr   Best.-Nr. 052

Rechtschreiben kinderleicht
Trainer Grundschule   Nr. 332

Besser rechtschreiben, fertig, los!
Trainer Sekundarstufe   Nr. 336

Zwillingsdiktate 2. bis 6. Sj.   Nr. 375

Schmunzeldiktate GS   Nr. 389

Schmunzeldiktate SEK   Nr. 373

Lektüren/Arbeitshefte

Wie die Katze zum K kam ab 1. Sj.
Lektüre   Nr. 230
Arbeitsheft   Nr. 208
Leseübungen   Nr. 408

Mufti, der kleine freche Dino ab 1. Sj.
Lektüre   Nr. 231
Arbeitsheft   Nr. 209

Schnapp und das Abc ab 1. Sj.
Lektüre   Nr. 318
Arbeitsheft   Nr. 344

Der Tigei (Annas frecher Tintengeist)
ab 3. Schuljahr
Lektüre   Nr. 245
Arbeitsheft   Nr. 246

Stille & Konzentration

Stille-Spiele für die ganze Klasse
alle Altersstufen   Nr. 300

Rituale der Stille
alle Altersstufen   Nr. 347

Phantasiereisen   Nr. 317

Regenstockgeschichten   Nr. 315

Zuhörspiele   Nr. 465

Stolz Verlag

Schneidhausener Weg 52, 52355 Düren, Tel. (02421) 5 79 79   info@stolzverlag.de

Mathematik

Mathe zum Schmunzeln (Textaufgaben)
1./2. Schuljahr	Nr. 094
3./4. Schuljahr	Nr. 095
5. Schuljahr	Nr. 313

Kopfrechnen GS	Nr. 324
Kopfrechnen SEK	Nr. 407

Mathe-Trainer
Leistungsstandards, Jahrgangsstoff
1. Schuljahr	Nr. 381
2. Schuljahr	Nr. 382
3. Schuljahr	Nr. 383
4. Schuljahr	Nr. 384

Mathe zum Schmunzeln
Rechengeschichten ab 2. Sj.   Nr. 257

Grundrechenarten ab 4. Sj.   Nr. 253

Einmaleins-Trainer ab 2. Sj.   Nr. 410

Übungen Geometrie ab 4. Sj.   Nr. 121

Bruchrechnen
Nachhilfe und Freiarbeit   Nr. 154

Mathe kinderleicht
25-Tage-Intensivkurs 5./6. Sj.   Nr. 247

Sachfächer

Arbeits- und Lernhefte Grundschule
Das Wetter	Nr. 042
Laubbäume	Nr. 089
Blumen am Wegrand	Nr. 043
Kreislauf Wasser	Nr. 333
Lebensgemeinschaft Wald	Nr. 339
Bäume kennenlernen	Nr. 365
Jahreszeiten kennenlernen	Nr. 237
Haustiere	Nr. 048
Zootiere	Nr. 044
Tiere auf dem Bauernhof	Nr. 057
Igel-Lernwerkstatt	Nr. 329
Kaulquappe – Frosch	Nr. 352
Tiere im Winter	Nr. 269
Indianer	Nr. 249
Getreide und Brot	Nr. 337
Europa in der Grundschule	Nr. 284
Deutschland i. d. Grundsch.	Nr. 279

Frühling, Sommer, Herbst, Winter
Lernwerkstatt in 4 Bänden   VP 6005

Arbeits- und Lernhefte ab Klasse 5
Deutschland kennenlernen	Nr. 058
Europa kennenlernen	Nr. 084
Die Welt kennenlernen	Nr. 227
Den Weltraum kennenlernen	Nr. 397
Durch die Wüste	Nr. 100

Die Alpen	Nr. 147
Das Wattenmeer	Nr. 148
Bibelgeschichten AT	Nr. 180
Das Leben Jesu	Nr. 386
Das Christentum	Nr. 229
Weltreligionen	Nr. 075
Der Islam	Nr. 113
Das Judentum	Nr. 076
Der elektrische Strom	Nr. 117
Richtig essen leicht gemacht	Nr. 374
Obst und Gemüse	Nr. 116
Der menschliche Körper	Nr. 079
Allerlei Vögel	Nr. 111
Ritter und Burgen	Nr. 125
Mittelalter	Nr. 132
Steinzeitmenschen	Nr. 516
Die alten Römer	Nr. 520
Die alten Griechen	Nr. 514
Die alten Ägypter	Nr. 515
Erfindungen	Nr. 519
Entdecker und ihre Reisen	Nr. 518
Die Französische Revolution	Nr. 178
Die Industrielle Revolution	Nr. 281
Der Erste Weltkrieg	Nr. 282
Der Zweite Weltkrieg	Nr. 283
Adolf Hitler	Nr. 120
Alltag im Dritten Reich	Nr. 077
Lernwerkstatt Politik	Nr. 327

Persönlichkeiten der Zeitgeschichte   Nr. 119

Dies & Das

Fabelhafte Sketche	Nr. 146
5-Minuten-Sketche GS	Nr. 140
Witzige Schulbühne alle Sj.	Nr. 112
21 klasse Schulsketche alle	Nr. 264
Klapsmühle alle Altersstufen	Nr. 704
Die Hexe Furufara Bühnenstück	Nr. 009

Bühnenstücke zur Einschulung:
Der kleine Zauberer	Nr. 387
Wie die Katze zum K kam	Nr. 259

Berichtszeugnisse
Textbausteine für die Grundschule   Nr. 201

Bildergeschichten für Ethik   Nr. 380

Was du nicht willst, dass man dir tu ... Texte zur Ethik   Nr. 406

Dem Lernen einen Sinn geben
Essay von Christa Meves   Nr. 236

Wer hat das Sagen in deutschen Klassenzimmern? Streitschrift   Nr. 226

Denkspiele   Nr. 466

Gedächtnis trainieren durch Zeichnen   Nr. 416

Vertretungsstunden GS   Nr. 267

Vertretungsstunden SEK   Nr. 268

Bestell-Coupon

Ja, bitte senden Sie mir gegen Rechnung folgende Artikel:

Artikel-Nummern hier eintragen:

Bestell-Anschrift:

Stolz Verlag
Stuttgarter Verlagskontor S V K GmbH
Postfach 106016   70049 Stuttgart
Tel. (07 11) 66 72-12 16
Fax (07 11) 66 72-19 74
Internet-Shop: www.stolzverlag.de

Meine Anschrift:

Vorname, Name

Straße

PLZ/Ort

Datum/Unterschrift

☐ Bitte schicken Sie mir Ihren kostenlosen aktuellen Katalog!